Instituto Pazes Apresenta:

FAZENDO AS PAZES

um convite à empatia, ao diálogo e à transformação por meio das Cartas Pazes

Elaine Cristina da Silva
Lucas Jeronimo Ribeiro da Silva
Mayara de Carvalho Siqueira

Belo Horizonte, 2024

> Seja a mudança que você quer ver no mundo.
>
> *Mahatma Gandhi*

SOBRE O INSTITUTO PAZES 6

APRESENTAÇÃO 8

1 CONCEITOS FUNDAMENTAIS 13

1.1 Relações humanas 16

1.2 Conflito 19

1.3 Violência 28

1.4 Violência estrutural 31

1.5 Situações difíceis 33

1.6 Empatia 34

1.7 Diálogo 36

1.8 Transformação de conflitos 38

1.9 Responsabilidade 40

1.10 Trauma 41

1.11 Resiliência 42

1.12 Comunicação Não-Violenta (CNV) 44

1.13 Emoções e Sentimentos 45

1.14 Necessidades 49

1.15 Escutação 50

1.16 Perguntação 51

1.17 Contação de histórias 52

1.18 Justiça Restaurativa 54

2. CARTAS PAZES 56

SENTIMENTOS 58

NECESSIDADES 64

PERCEPÇÕES 70

ESTRATÉGIAS 76

DESAFIOS 81

2.1 COMO AS CARTAS PAZES PODEM SER ÚTEIS? 83

2.2 ALGUMAS POSSIBILIDADES DE USO 85
   2.2.1 Explorando sentimentos e necessidades 86
   2.2.2 Traçando estratégias 91
   2.2.3 Desvendando percepções 95
   2.2.4 Superando desafios 101
   2.2.5 Trabalhando com conflitos 105
   2.2.5.1 Criando pontes para o futuro 108
   2.2.5.2 Sequência aleatória 112

3. PERGUNTAS NORTEADORAS 115

3.1 Sentimentos 115

3.2 Necessidades 117

3.3 Percepções 119

3.4 Estratégias 121

3.5 Desafios 123

REFERÊNCIAS 126

SOBRE OS AUTORES 135

Elaine Cristina da Silva 135

Lucas Jeronimo Ribeiro da Silva 137

Mayara de Carvalho Siqueira 139

INFORMAÇÕES PARA CONTATO 142

SOBRE O INSTITUTO PAZES

É comum que a paz seja pensada como calmaria e silêncio. Mas acreditamos na paz como um processo de transformação.

Com doutorado, pesquisas e atuação em conflitos e práticas restaurativas, Elaine Cristina, Lucas Jeronimo e Mayara Carvalho acreditavam que era fundamental difundir a ideia de paz composta por vozes e diversidade. Pazes, no plural, como são plurais os sujeitos.

Foi assim que surgiu o Instituto Pazes, nascido do sonho desses três facilitadores de contribuir para "fazer as pazes", construindo conexões mais justas, igualitárias, significativas e que fomentem a responsabilidade ativa.

O Instituto Pazes desponta da união de dois universos que nem sempre se comunicam: as pesquisas acadêmicas e as práticas restaurativas e de transformação de conflitos.

Desde sua fundação, o Instituto Pazes tem atuado em capacitações e formações continuadas; desenvolvimento e publicação de materiais técnicos e acadêmicos; atuação de casos conflitivos; supervisão de casos ou projetos de autocomposição de conflitos; assessoria e consultoria para implantação e aprimoramento de programas voltados a resolução e transformação de conflitos e a prevenção de violências.

APRESENTAÇÃO

O segundo livro da coleção "Instituto Pazes apresenta" reflete temas centrais que perpassaram os cursos, produtos e atuações oferecidos pelo Instituto Pazes nos últimos quatro anos.

Procuramos apresentar conceitos importantes num formato breve e acessível, de forma a contribuir para o aprofundamento de práticas e compreensão ou fixação de conteúdos relevantes a profissionais que atuam com conflitos, conexão, Justiça Restaurativa e Comunicação Não-Violenta.

Cada reflexão apresentada neste espaço é de autoria conjunta dos pesquisadores e co-fundadores do Instituto Pazes (Elaine

Cristina, Lucas Jeronimo e Mayara Carvalho).

É importante salientar que nossa construção de conhecimento sempre foi coletiva, em diálogo constante com as pessoas e instituições que participaram da nossa trajetória. Esse saber coletivo também reflete bastante das nossas redes de diálogo, suporte e interação. Além disso, referências acadêmicas importantes foram indicadas conceito a conceito.

Em 2023, visando promover e aprofundar, de forma autêntica, a comunicação pessoal e interpessoal, lançamos no mundo as Cartas Pazes, uma coleção de 400 cartas, distribuídas em cinco decks (sentimentos, necessidades, percepções, desafios e estratégias).

A ideia das Cartas Pazes surgiu diante dos desafios das nossas práticas.

Procurávamos por ferramentas que ultrapassassem o bê-a-bá da Comunicação Não-Violenta e que proporcionassem abordagens mais profundas.

Como não encontramos uma alternativa que contemplasse os pontos mais desafiadores da nossa prática, decidimos desenvolver o material que queríamos que existisse.

Acreditando no potencial das Cartas Pazes para qualificar, diversificar e inspirar práticas, optamos por veicular nesta obra algumas possibilidades de atuação e reflexões que passaram pela criação do material.

As Cartas Pazes foram pensadas para contribuir com o desenvolvimento do autoconhecimento e do autocuidado; auxiliar na gestão e transformação de conflitos; facilitar o diálogo, inclusive em situações difíceis; qualificar atendimentos terapêuticos; promover a educação socioemocional; e até mesmo como entretenimento didático-reflexivo. As sugestões de utilização e reflexões que você encontrará nesta obra perpassam esses propósitos.

Esperamos que seu encontro com este livro aprofunde suas práticas e reflexões.

Esta obra nasceu para circular. Fique à vontade para citar e compartilhar. Pedimos o cuidado de mencionar a fonte.

Adoraríamos seguir em diálogo contigo. Se quiser compartilhar conosco suas impressões e impactos do contato com esta obra, você pode nos encontrar no instagram @institutopazes e no e-mail institutopazes@gmail.com.

1 CONCEITOS FUNDAMENTAIS

O trabalho com relações humanas, conflitivas ou não, é perpassado por inúmeros desafios. Um deles é o alinhamento de concepções, fundamentos e conceitos que especificam a abordagem das metodologias e dos processos de trabalho. A depender da compreensão de um conceito teórico, suas dimensões práticas também são afetadas. Por exemplo: *bullying* é um conflito? Ou seria uma violência? Ou seria apenas uma forma de relação social?

Dependendo de como o *bullying* é compreendido em determinado contexto, as suas formas de abordagem mudam, assim como os encaminhamentos que precisam ou não ser feitos, os profissionais que estarão envolvidos e as repercussões institucionais e jurídicas de cada caso. Como palavra em inglês sem tradução específica no Brasil, a concepção de *bullying* tem se transformado, passando desde um entendimento de senso comum como "brincadeiras sem graça" na escola, à concepção de violência sistemática que deu origem, inclusive, à Lei nº 13.185 de 6 de novembro de 2015 e, mais recentemente, foi tipificada como crime, conforme previsão da Lei nº 14.811 de 12 de janeiro de 2024.

Conceituar uma palavra é importante para nortear o conhecimento, indicar um sentido de compreensão comum, possibilitar que as pessoas possam ter mais segurança metodológica em colocá-la em prática. Ao mesmo tempo, pode limitar, enrijecer, fechar uma análise distorcida e equivocada da realidade e suas complexidades.

Neste capítulo, vamos apresentar alguns conceitos que são norteadores para o trabalho do Instituto Pazes, seja ele em situações conflitivas, ou não. Esses conceitos não são fechados, muito menos prontos ou irretocáveis. Ao contrário, estão abertos à metamorfose necessária e esperada das mudanças que o tempo e a experiência nos trazem.

Com base nos conceitos abaixo, oferecemos, no capítulo seguinte, algumas reflexões e propostas para a utilização das Cartas Pazes. E esperamos que novos caminhos e recursos possam emergir da prática de cada pessoa que tiver contato com este livro e com as Cartas. Os caminhos são inesgotáveis. A criatividade é o motor da transformação da vida!

1.1 Relações humanas

Tendo em vista a complexidade do tema, procuramos trazer uma ideia básica de relações humanas que auxilie na compreensão dos demais conceitos, reflexões e das Cartas Pazes. Diante disso, entendemos relações humanas como uma atitude baseada no reconhecimento do ser humano como tal e na reciprocidade, voltada ao estabelecimento e/ou manutenção de conexão e interação consigo (relação intrapessoal), com os outros (relação intrapessoal) e com a coletividade (relação coletiva).

As relações intrapessoais estão associadas a processos de reflexão, tomada de decisões, autoconhecimento, autoempatia, etc. No âmbito interpessoal, as relações estão vinculadas a interesses distintos, padrões de interação, normas e estruturas simbólicas que lhes atribuem sentido, podendo ser classificadas em relações familiares, profissionais, afetivas, políticas, religiosas, econômicas, pedagógicas, de trabalho, etc. Pelas relações interpessoais, evidencia-se a capacidade das pessoas de afetar e serem afetadas; afinal, "aqueles que passam por nós, não vão sós, não nos deixam sós. Deixam um pouco de si, levam um pouco de nós" (Saint-Exupéry, 2009).

Já as relações coletivas, são permeadas pelas várias vozes que ecoam em um dado tempo e espaço com vista à construção de significados e pertencimento. O aspecto coletivo compreende um sem-número de diferentes tipos de grupamentos humanos, das microcomunidades de referência e afeto à humanidade da qual todas as pessoas fazem parte. Indo mais além, mesmo o "eco", representando nossa relação com o planeta, estaria presente na dimensão coletiva, uma vez que não há gente sem solo; no fundo, somos todos natureza (Kumar, 2002, 2013). Tanto são relações coletivas as dos grupos dos quais intencionalmente fazemos parte com buscando sentido e significado, como o são aqueles coletivos menos intencionais, fruto de associações de pessoas que passam a estar relacionadas entre si exclusivamente em virtude de alguma circunstância.

Cada um dos aspectos das relações humanas está associado a diferentes necessidades básicas. Como afirma Satish

Kumar (2013), nenhuma dessas dimensões é mais importante do que a outra. O cuidado com a coletividade e com tudo o que existe, o bem-estar pessoal, as relações com outras pessoas e os vínculos nos quais podemos sustentar e fomentar os valores humanos são todos essenciais e profundamente conectados.

1.2 Conflito

A partir dos estudos sobre as teorias do conflito e do mapeamento de conflitos (Calvo Soler, 2014) que temos utilizado como base das nossas pesquisas nos últimos anos, buscamos compor e propor um conceito original que compreende o conflito como uma relação social de tripla caracterização:

Conflito como um encontro de perspectivas (a), com dimensões internas e externas (b), que representam uma ideia real ou percebida de risco (c).

Vamos entender as três características que o norteiam:

a) **Conflito como um encontro de perspectivas:**

Partindo da ideia de conflito como um fenômeno que se manifesta na interação social, tem-se que o conflito é **elemento estruturante de uma relação interpessoal e acaba por configurar uma relação propriamente dita. É uma via de mão dupla: o conflito só existe se houver uma relação e, ao mesmo tempo, quando um conflito passa a existir também passa a haver uma relação entre os envolvidos. E por relação estamos aqui compreendendo** um encontro de perspectivas entre duas ou mais pessoas.

A dimensão do encontro se desdobra na compreensão de que o espaço, o tempo e a interdependência são elementos que caracterizam a convivência humana. Ou seja: o encontro não está adstrito à vontade ou à intenção de se encontrar, mas acontece de forma contextual. Pode ser um encontro espacial (pessoas que ocupam o mesmo espaço físico - casa, escola, empresa, cidade, país, etc); encontro contemporâneo (pessoas que compartilham o mesmo período de tempo - horas, dias, semanas, meses e anos) ou encontro de interdependência (pessoas que estão conectadas porque necessitam dos mesmos recursos disponíveis e limitados para sua gestão pessoal de vida).

O encontro entre as pessoas é também um encontro de perspectiva, uma junção de percepção de mundo, de valores, crenças e parâmetros próprios que influenciam como cada um baseia suas escolhas e tomada de decisão. Esse encontro pode ter efeito destrutivo, quando as pessoas tentam suplantar ou se sobrepor às perspectivas umas das outras, competindo entre si. Ou pode ter efeito construtivo, quando as pessoas descobrem formas inovadoras, respostas surpreendentes, caminhos ampliados de cooperarem entre si e transformarem suas convivências de forma equilibrada e saudável.

b) dimensões internas e externas:

Cada pessoa é constituída por sua biografia de vida, marcada por memórias, emoções, percepções, visões de mundo, pensamentos, padrões de comportamento, traumas e superações pessoais que se transformam com o tempo. O conflito como um encontro de perspectivas tem dimensões internas e externas que se complementam e interagem simultaneamente entre si. A dimensão interna se projeta para fora por meio da comunicação, gestos, ações, comportamentos, escolhas e decisões. E cada elemento da interação social que chega até nós representa uma perspectiva externa que afeta também nosso modelo interno de mundo, gerando resistência ou a possibilidade de integração de novas respostas internas, novas compreensões. Um movimento constante, relacional e de entrada e saída de informações, ainda que não desejadas.

Abaixo utilizamos uma imagem simbólica da lemniscata, como representação dessas duas dimensões que interagem e se retroalimentam.

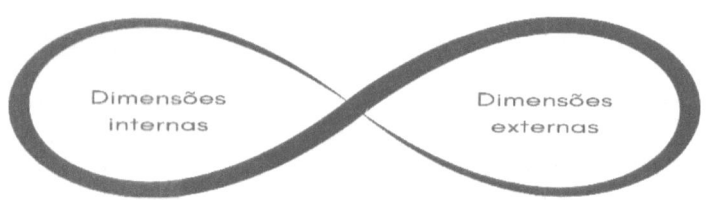

Quando duas pessoas se encontram e se relacionam, elas também encontram consigo mesmas e passam a lidar com suas dimensões internas como efeito inafastável da interação social. Essas dimensões internas são constituídas por meio da percepção de cada um dos canais sensoriais do corpo: visão, audição, tato, olfato e paladar. A forma como cada pessoa interpretou essas sensações formou suas crenças, que passam a lhe servir como parâmetro de escolhas e decisões ao longo da vida.

c) representam uma ideia real ou percebida de risco:

Todo conflito surge de um risco, seja como parte da percepção do indivíduo, ou por elementos da realidade que possam representar um risco a alguém.

O risco é inerente ao conflito, uma vez que o cérebro humano tende a interpretar a conservação de situações ou pensamentos como algo que garante a sobrevivência (Kolk, 2015; Levine, 1997; Maté, 2008). Simplificando bastante algo complexo para facilitar a compreensão, é como se pensássemos "se isso me fez sobreviver até agora, mantê-lo pode garantir minha existência". Mas o conflito é essencialmente estar diante do diferente, de novas formas de vida ou perspectivas, de interesses ou estratégia diversos.

Essa compreensão nos ajuda a entender porquê costumamos nos sentir tão desconfortáveis diante de um conflito: nosso cérebro reconhece a situação como estressora e passamos a ficar mais tensionados. Não sem razão, estratégias de luta, fuga ou congelamento são frequentes diante de conflito (Levine, 1997).

Na dimensão interna, tem-se uma ideia de risco vivenciada pelo sujeito como resultado de pensamentos e emoções que possam encontrar respaldo na realidade ou não. Por exemplo, uma pessoa que acredita que será demitida do emprego começa a ter pensamentos aflitivos, sensações angustiantes e percepções contrastantes advindas da ideia do risco, ainda que não seja um fato ou não tenha comprovações reais de que isso possa acontecer. Nesse sentido, a crença no risco foi o que o gerou, não a realidade em si. Foi a própria dimensão interna que deu causa ao risco, todas as percepções seguintes foram seu efeito.

Diferentemente seria uma pessoa que é chamada no RH de uma empresa e recebe a notícia de que será desligada sem justa causa e que deverá cumprir o aviso prévio, conforme previsão legal. A partir dessa informação, a percepção do risco vem como efeito de uma causa externa.

Uma pessoa pode ficar angustiada com o medo de não ter estabilidade financeira nos próximos meses e uma outra pessoa pode ficar muito feliz porque há tempo já pensava em sair da empresa e mudar sua carreira profissional. Por esse exemplo, ainda quando uma informação externa possa representar um risco real, ele realmente só vai existir internamente se o sujeito percebê-lo como tal.

1.3 Violência

Diversamente do que o senso comum propaga, a violência não é sinônimo de conflito, agressividade ou força. Como exposto anteriormente, o conflito faz parte das relações humanas, "nasce da vida e gera vida" (Lederach, 2003; 2018). A agressividade, partindo da etimologia da palavra *aggredi* que tem por significado "ir ao encontro" ou "fazer um gesto na direção de", traduz a ideia de ação e movimento, ou seja, de não-passividade, não-letargia, não-submissão a uma determinada condição ou situação. É uma energia de combatividade, de autoafirmação constitutiva da personalidade humana, que assim como o conflito, pode ser maléfica ou benéfica, destruidora ou criadora (Muller, 2007). Já a força, enquanto "energia liberada por movimentos físicos ou sociais" (Arendt, 2021), pode ou não ser utilizada como meio de violência.

Partindo do conceito construído pela Organização Mundial da Saúde (OMS), violência é o uso intencional de força física ou poder, em ameaça ou na prática, contra si próprio, outra pessoa ou contra um grupo ou comunidade que resulte ou possa resultar em sofrimento, morte, dano psicológico, desenvolvimento prejudicado ou privação (WHO, 1996). Tal definição, embora abrangente, nos parece incompleta na medida em que, ao vincular a violência à intencionalidade, exclui a incidência de comportamentos e consequências não-intencionais que, ao nosso ver, também integram o conceito.

A violência também pode ser entendida como um conjunto de manifestações de repressão ou distorção de diversidade ou relações sociais. Parte, portanto, do reconhecimento da ilegitimidade das manifestações de diferença. É uma estratégia reativa que fazemos uso quando a) não temos repertório para agir de modo diverso; b) acreditamos que estamos diante de ameaça ou lesão e de que não há qualquer outro meio tão eficaz quando a violência; c) estamos desconectados do tempo presente e não conseguimos perceber as nuances da situação, a "banalidade do mal" de que falava Arendt (2006). A violência pode se manifestar de forma distinta e atinge desigualmente os atores sociais (Siqueira, 2024).

A violência e, consequentemente, seus danos, podem ocorrer sob as mais variadas formas, como por exemplo: contra si e interpessoal; verbal e não-verbal; física, psicológica, patrimonial, moral, sexual, social, virtual, cultural, estrutural, ambiental, circunstancial e continuada, impessoal ou pessoal, intencional e não-intencional, individual e coletiva, legítima e ilegítima, etc.

1.4 Violência estrutural

Quando as violências compõem ou sedimentam formas de dominação, resultando em distribuição desigual de recursos ou poder, falamos em violências estruturais, em virtude de sua naturalização e confusão com as próprias estruturas da organização social (Galtung, 1969; Winter e Leighton, 2001; Yamin, 2016).

Justamente por estar sedimentada e ser reforçada pela cultura vigente, a violência estrutural tem grande potencial de atravessar a vida do sujeito a ponto de produzir traumas. É provável que haja sobrecarregamento do corpo, da mente ou do psiquismo pela sustentação constante de stress diante de coletivos que enxergam o sujeito como coisa ou, ao menos, reservando-lhe uma subcidadania, permeada de manifestações cotidianas de injustiças e desigualdades (Siqueira, 2024).

1.5 Situações difíceis

Embora não nos ocupemos de estabelecer um conceito sobre situações difíceis, sua abordagem, ainda que de forma pontual e exemplificativa, se faz necessária, especialmente, para diferenciá-las de situações conflitivas ou violentas.

Tratam-se de situações em que não há conflito nem violência, mas pode haver sofrimento, angústia, problemas de ordem familiar, profissional, financeira, etc. Como exemplos podemos citar as situações de luto pela perda de alguém ou de algo, casos de enfermidade, de desemprego, etc. São situações que demandam uma gestão cuidadosa, redes de apoio, acolhimento dos sentimentos, reconhecimento das necessidades e empatia.

1.6 Empatia

A empatia está relacionada ao oferecimento de apoio e lembrança de que não se está só. Oferecimento, ainda, de presença que convida o outro a estar mais presente para si mesmo. Não se trata de sentir com o outro (cossentir), nem sentir o que o outro sente (contágio emocional), tampouco se colocar no lugar do outro - lugar esse singular pela sua própria constituição, existência e vivências, portanto, inalcançável (Silva, E. C., 2024).

Difere-se da simpatia e do aconselhamento, pois a postura empática é profunda e autêntica, não visa à popularidade, conquista ou algum ganho em troca. Empatia também não é sinônimo de sofrer junto. É a disponibilidade para acolher o sentimento de quem quer que seja.

Empatia não é um estado, mas um processo que engloba aspectos cognitivos, sociais e motivacionais. Demanda, antes de tudo, o *reconhecimento* de si e do outro como seres humanos, a partir daí requer *presença*, disponibilizando-se ao evento do encontro, de forma integral, imediata, direta e despretensiosa (condição do não-saber, isto é, do interesse legítimo naquilo que o outro tem a oferecer) e, por fim, *intencionalidade* para voltar-se-para-o-outro, acolher sua humanidade e compreender suas perspectivas (Silva, E. C. 2024).

É importante mencionar que, em virtude da neuroplasticidade, o cérebro humano pode desenvolver a capacidade de oferecer empatia mesmo na fase adulta e em situações profundamente desafiadoras (Reisel, 2015).

1.7 Diálogo

Considerando a origem etimológica do termo *diálogo*, revela-se equivocada sua compreensão a partir do prefixo "di" como sinônimo de "dois/duas" e "logos" que significa "palavra", ensejando a leitura predominante no senso comum como conversa entre duas pessoas. De modo diverso, o prefixo da palavra, é "dia" que significa "através" (e não dois/duas), portanto, o significado do vocábulo diálogo está relacionado à palavra que flui através (por entre) de.

Bohm (2005, p. 34) conceitua diálogo como "uma corrente de significados que flui entre nós e por nosso intermédio, que nos atravessa" podendo surgir novas compreensões que poderiam não estar presentes no ponto inicial, cujo "significado compartilhado é a 'cola' ou 'amálgama' que mantém juntas as pessoas e as sociedades".

O diálogo é o lugar da criação do novo, onde as pessoas se disponibilizam a ouvir umas às outras, sem preconceitos, julgamentos e/ou tentativas de influência. O escopo do diálogo não é analisar, convencer, persuadir, vencer discussões ou trocar ideias e/ou opiniões, mas possibilitar a suspensão dos pressupostos e observá-los de maneira a compreender o que significam e revelam, cujo movimento conjunto e participativo cria um espaço de significado compartilhado que promove a coesão social (Bohm, 2005).

1.8 Transformação de conflitos

Na ocorrência de conflitos, é possível responder apenas à situação imediata. Todavia, manter o foco exclusivamente nas urgências pode distrair o olhar daquilo que é importante. Um mapa ampliado do conflito envolve também a compreensão das causas e forças presentes; dos padrões de relacionamentos; do contexto em que encontra expressão; e da estrutura conceitual que sustenta essas perspectivas (Lederach, 2003; 2018).

Por isso, numa visão mais ampla, que considere a topografia da situação problemática, o conflito desponta como oportunidade para entender os padrões e modificar as estruturas dos relacionamentos. Isso sem desconsiderar a necessidade de oferecer soluções concretas capazes de responder satisfatoriamente aos problemas presentes.

É também uma via eficaz para conduzir grandes discussões públicas no cerne de assuntos e relações que costumam estar adstritos à esfera privada (Braithwaite, 2006). Com isso, pode ser uma alternativa importante para impulsionar reflexões e aprofundar a compreensão sobre as implicações do contexto, da estrutura e dos padrões de relacionamentos em questões que aparentavam ser meramente interpessoais.

Para Lederach (2003; 2018), a paz é *estrutura-processo*, necessariamente dinâmica, relacional, adaptativa e dotada de propósito. É sustentável, sendo capaz de manter-se ao longo do tempo, a despeito de eventual rigidez estrutural.

1.9 Responsabilidade

Responsabilidade é um processo dinâmico e contextual de construção de respostas. Em cada cenário relacional, cultural e estrutural, novas respostas serão produzidas e demandadas aos sujeitos participantes da interação, de tal modo que não existe uma definição estanque do que significa ser responsável, mas existe um contexto no qual determinados comportamentos, escolhas e decisões serão consideradas responsáveis ou irresponsáveis. Por isso, a ideia de responsabilidade pode ser construída de forma ativa, de modo que os participantes podem contribuir com a produção de respostas; ou passiva, de modo que as pessoas precisam agir e se comportar conforme previsto, estipulado, estabelecido ou demandado externamente (Silva, L. J., 2024).

1.10 Trauma

Trauma é uma ferida física, emocional ou psicológica que tem origem em sobrecarregamento do nosso sistema nervoso para responder a um evento estressor num dado momento (Levine, 1997, 2010; Maté, 2008).

Os traumas não precisam ser oriundos de grandes eventos desastrosos, podendo vir de outras situações capazes de produzir sobrecarregamento, como eventos continuados ou repetidos.

Além disso, considera-se que traumas podem ser individuais ou coletivos; primários, por testemunho ou por participação; históricos, culturais ou por violação de dignidade (Yoder, 2020).

Os traumas costumam afetar a maneira como nos enxergamos, enxergamos as outras pessoas, compreendemos o mundo, percebemos nosso valor ou, simplesmente, como nos posicionamos em conflito.

1.11 Resiliência

A resiliência abrange um conjunto de recursos pessoais, relacionais e contextuais que possibilitam aos indivíduos e grupos a transformação de situações traumáticas, conflitos e violências, a partir da construção de estratégias que permitam ressignificação, restauração e pertencimento social e comunitário. A abrangência do conceito de resiliência tem se modificado nos últimos anos e não está associada a uma característica do sujeito: ser ou não ser resiliente. Mas à conjuntura na qual este sujeito está inserido e que o possibilita superar situações adversas com apoio comunitário, social, de garantia de direitos e de acesso a recursos e políticas públicas. Desse modo, a resiliência passa a ser entendida como a construção de condições adequadas para a promoção e manutenção da dignidade humana, como uma corresponsabilidade social em vários níveis e perspectivas possíveis.

1.12 Comunicação Não-Violenta (CNV)

Além de uma filosofia de vida, a CNV pode ser compreendida como um paradigma da comunicação; uma abordagem baseada na linguagem para a transformação pessoal e social; um processo de autoconhecimento; um estado de consciência e autenticidade; uma técnica para criar, fortalecer e/ou restabelecer relações ou, ainda, como ferramentas de práticas de resolução/transformação de conflitos, dentre diversas outras compreensões, principalmente a partir das experiências pessoais de seus praticantes.

A CNV foi difundida por Marshall Rosenberg (2012), psicólogo estadunidense, falecido em 2015, que a sistematizou em quatro elementos centrais: observação, sentimentos, necessidades e pedido. Enquanto uma prática de não-violência voltada à comunicação, seja ela verbal ou não-verbal, pautada na expressão autêntica e na escuta empática, a CNV contribuiu com o processo de resgate da natureza humana compassiva.

A CNV segue viva, sendo continuamente atualizada pela obra e prática de pessoas comprometidas com a não-violência ao redor do mundo.

1.13 Emoções e Sentimentos

Se tomadas em um sentido geral, emoções e sentimentos podem ser consideradas sinônimos, porém, tratam-se de conceitos distintos, embora inter-relacionados, razão pela qual sentimento integra emoção em sua definição. Ainda que a distinção dos termos não seja necessária para a compreensão e utilização das Cartas Pazes, entendemos que possa agregar conhecimento e, justificar a designação do deck SENTIMENTOS, ao invés de emoções.

As emoções são reações automáticas e primárias do organismo a estímulos internos (subjetivos) ou externos (ambiental, social ou cultural), podendo ser percebidas ou identificadas no corpo. Essas reações possuem aspectos *fisiológicos* (alteração do ritmo cardíaco, sudorese, choro, tremor, vermelhidão facial, rigidez muscular, etc.), *funcionais/propositivos* (proteção, prazer, energia, cuidado, fuga, evitação, atenção, defesa, etc.) e *expressivos* (expressões verbais, não-verbais e/ou paraverbais).

Já os sentimentos, referem-se às experiências conscientes e subjetivas oriundas das emoções, moldadas pela interpretação cognitiva e pelo contexto pessoal, social e cultural, envolvendo processos cognitivos complexos como memória, avaliação e consciência (Damásio, 2012). Para Ledoux (2007), a ocorrência dos sentimentos demanda três componentes processuais: a representação do estímulo emocional, a recuperação de significados associados a esse estímulo e a percepção consciente de estados do corpo.

A distinção entre emoções e sentimentos também está associada às respectivas duração e intensidade. Enquanto as emoções são imediatas, breves e intensas, os sentimentos são mais duradouros e variáveis em intensidade ao longo do tempo.

Alguns estudos classificam e delimitam em cinco, as emoções primárias e universais: alegria, tristeza, medo, raiva e nojo ou aversão; outros acrescentam a surpresa e o desprezo. Quanto aos sentimentos, a lista se torna imensurável, afinal, cada pessoa vivencia e interpreta as emoções de uma maneira singular, do mesmo modo que nomeia tal experiência a partir de suas referências e recursos. Diante disso é que defendemos a importância do reconhecimento e respeito pela diversidade de vocabulários que representem o sentir. Padronizar a designação dos sentimentos é colonizar uma das instâncias mais humana dos seres humanos. Por isso, o deck dos sentimentos nada mais é que o compartilhamento de algumas interpretações de nossas experiências emocionais, deixando o convite à ampliação da linguagem do sentir que está em permanente construção.

1.14 Necessidades

Necessidades são vetores de vida que nos direcionam para uma vida significativa e que nos informam como cuidar da vida e como podemos viver juntos como uma comunidade (Siqueira, 2024). Correspondem às qualidades fundamentais à vida humana, garantindo uma existência com dignidade. Não se confundem com estratégias ou preferências, sendo antes o âmago do que necessitamos para seguirmos vivos.

1.15 Escutação

Escutação é a arte de escutar.

Nas palavras de Rubem Alves, "o que as pessoas mais desejam é alguém que as escute de maneira calma e tranquila. Em silêncio. Sem dar conselhos. Sem que digam: 'Se eu fosse você'. A gente ama não é a pessoa que fala bonito. É a pessoa que escuta bonito. A fala só é bonita quando ela nasce de uma longa e silenciosa escuta. É na escuta que o amor começa. E é na não-escuta que ele termina (Alves, 2011, p. 73).

Apesar de popularmente utilizados como sinônimos, as atitudes de ouvir e escutar são distintas. Ouvir é a expressão do sentido da audição, a captação do som, um processo perceptivo fisiológico, natural, difuso, passivo e não intencional. Escutar é a expressão da escuta enquanto um processo pessoal, social e cultural de construção dinâmica de sentido, a partir da interação entre a mente, a linguagem, as emoções e sensações, configurando uma habilidade intencional, focada e ativa.

1.16 Perguntação

De acordo com Freire (2021, p. 75), "a existência humana é, porque se fez perguntando, a raiz da transformação do mundo. Há uma radicalidade na existência, que é a radicalidade do ato de perguntar". Para o referido educador, a pergunta é essencial à existência humana pelo que "implica ação, transformação".

Partindo desse entendimento, perguntação é a arte de perguntar que funde a pergunta à ação para gerar transformação. Perguntas refletem a busca pelo conhecimento, pela compreensão, integram a impermanência e fazem parte da construção histórica da humanidade (Silva, E. C., 2024) .

1.17 Contação de histórias

A contação de história é uma importante prática de conexão e construção de interações inter-humanas. Contando a própria história, o narrador esclarece seu modo pessoal de compreender os fatos, contextos, impactos, sentimentos, emoções, necessidades e a forma como enxerga a si próprio e os outros, afinal, "nosso modo de construir essa história, que molda nossa visão da realidade, fica mais transparente para nós mesmos quando falamos em voz alta para os outros" (Pranis, 2010).

Contar histórias possibilita ao ser humano vivenciar, experimentar, compreender aspectos, partes ou a totalidade de seu universo interior e exterior, conferindo-lhe a percepção de si por si mesmo, do outro e do mundo (Silva, E. C., 2024).

Criar um espaço acolhedor e seguro, oferecer uma escuta ativa e empática compõe o convite à contação de história.

1.18 Justiça Restaurativa

A Justiça Restaurativa propõe uma visão de justiça voltada à satisfação das necessidades dos direta e indiretamente envolvidos em situações de conflito, conexão ou violência.

É ancorada em confidencialidade e voluntariedade. Trata- se sempre de uma escolha, partindo da decisão livre e informada de cada pessoa interessada na situação. A Justiça Restaurativa se propõe a *trocar as lentes* a partir das quais enxergamos crime, castigo, conflito ou mesmo relacionamentos e conexão.

O modelo restaurativo de justiça parte das seguintes questões básicas: Quem teve ou está tendo alguma necessidade básica ameaçada? Quem sofreu ou está sofrendo danos? Do que essas pessoas precisam?

Quem tem alguma responsabilidade de atender a essas necessidades? Quais elementos contribuíram para causar essa situação? Na perspectiva dos diretamente interessados, seria interessante convidar outros sujeitos a participarem da resolução ou transformação da situação? Se sim, quais sujeitos são esses? Qual método ou processo adequado nesse contexto? (Siqueira, 2024).

2. CARTAS PAZES

Onde há relação, há conflitos! Foi pensando em como abordar conflitos e construir relações humanas mais saudáveis que criamos as Cartas Pazes. Acreditamos que a comunicação pode transformar o mundo. E aprender a utilizar a comunicação como um recurso abundante, plural e dinâmico pode ajudar a construir pontes para o futuro.

As CARTAS PAZES são uma coleção elaborada pelos cofundadores do Instituto Pazes, com base na Comunicação Não-Violenta, visando promover e aprofundar, de forma autêntica, a comunicação pessoal e interpessoal. A coleção é formada por cinco decks: sentimentos, necessidades, percepções, desafios e estratégias, totalizando 400 cartas. As Cartas Pazes foram pensadas para contribuir com o processo ativo de autoconhecimento e de autocuidado; auxiliar na gestão e transformação de conflitos; facilitar o diálogo, inclusive em situações difíceis; qualificar atendimentos terapêuticos; contribuir para a consciência de trauma e construção de resiliência; promover a educação socioemocional; e até mesmo como entretenimento didático-reflexivo. Podem ser utilizadas em duplas, grupos ou individualmente, empregando um ou mais decks simultaneamente.

É importante ressaltar que a decisão por cada uma das palavras dispostas nos decks das Cartas Pazes passou por reflexão conjunta dos co-fundadores do Instituto Pazes. Foram diversas reuniões e momentos de diálogo até eleger as palavras que comporiam cada um dos decks. Embora tenhamos feito esse trabalho com muito cuidado, é importante mencionar que palavras podem mudar de compreensão com o tempo e contexto. Te sugerimos levar isso em consideração ao se debruçar em cada uma delas.

SENTIMENTOS

O deck dos SENTIMENTOS é composto por palavras que expressam o sentir, a identificação mais genuína do que está vivo em cada ser humano. Os sentimentos estão associados às emoções e às relações consigo, com as outras pessoas e com o mundo. Eles não são bons ou ruins, mas revelam se as necessidades estão, ou não, sendo cuidadas. Ajudar a nomear os sentimentos e a ampliar esse vocabulário são alguns dos objetivos desse deck.

Integram o deck dos sentimentos as seguintes cartas:

- Abalado(a)
- Aborrecido(a)
- Aflito(a)
- Alegre
- Alerta
- Aliviado(a)
- Amedrontado(a)
- Angustiado(a)
- Animado(a)
- Ansioso(a)
- Apavorado(a)
- Apreensivo(a
- Assustado(a)
- Aterrorizado(a)
- Atordoado(a)
- Calmo(a)

- Cansado(a)
- Centrado(a)
- Chateado(a)
- Chocado(a)
- Com inveja
- Com nojo
- Com raiva
- Com repulsa
- Com saudades
- Comovido(a)
- Confiante
- Confortável
- Confuso(a)
- Conectado(a)
- Consternado(a)
- Contente
- Contemplado(a)
- Curioso(a)
- Deprimido(a)
- Desanimado(a)
- Desconectado(a)

- Desconfiado(a)
- Desconfortável
- Descontente
- Desencorajado(a)
- Desesperado(a)
- Desiludido(a)
- Desmotivado(a)
- Em paz
- Em pânico
- Empolgado(a)
- Enciumado(a)
- Entediado(a)
- Esperançoso(a)
- Estarrecido(a)
- Estimulado(a)
- Estressado(a)
- Envergonhado(a)
- Eufórico(a)
- Exausto(a)
- Feliz
- Frustrado(a)

- Furioso(a)
- Grato(a)
- Impaciente
- Incomodado(a)
- Indeciso(a)
- Indiferente
- Infeliz
- Inquieto(a)
- Inseguro(a)
- Inspirado(a)
- Íntegro(a)
- Intrigado(a)
- Irritado(a)
- Magoado(a)
- Mal-humorado(a)
- Maravilhado(a)
- Nervoso(a)
- Orgulhoso(a)
- Otimista
- Paralisado(a)
- Perturbado(a)

- Preocupado(a)
- Rancoroso(a)
- Receoso(a)
- Receptivo(a)
- Reflexivo(a)
- Relaxado(a)
- Resignado(a), conformado(a)
- Ressentido(a)
- Retraído(a)
- Revigorado(a)
- Satisfeito(a)
- Seguro(a)
- Sereno(a)
- Sozinho(a)
- Solitário(a)
- Surpreso(a)
- Tenso(a)
- Tímido(a)
- Tranquilo(a)
- Triste
- Vulnerável

NECESSIDADES

O deck das NECESSIDADES traz palavras que expressam aquilo que é essencial ao equilíbrio e à manutenção da vida humana e abrangem todas as suas dimensões: física, biológica, psicológica, espiritual, social, etc. Todas as necessidades são universais, comuns a todas as pessoas enquanto vetores que mantêm a vida, e conectam os seres humanos de forma indistinta, sendo que cada um atende essas necessidades de acordo com a oportunidade e a preferência que circundam seu ambiente externo. Esse deck busca contribuir para a identificação e letramento sobre necessidades, assim como se propõe a ser útil no processo de entender do que realmente precisamos ao fazer um julgamento, sustentar presenças ou ausências ou a se comportar de uma determinada maneira

Integram o deck das necessidades as seguintes cartas:

- Abrigo
- Aceitação
- Aconchego
- Afeição, afeto
- Acolhimento
- Alimento
- Amizade
- Amor
- Apoio
- Apreciação
- Aprendizagem
- Ar
- Autenticidade
- Autonomia

- Autorrealização
- Beleza
- Bem-estar
- Carinho
- Celebração
- Clareza
- Coerência
- Compaixão
- Compreensão
- Comprometimento
- Comunicação
- Comunhão
- Concretização, realização
- Conexão
- Confiança
- Conforto
- Consideração
- Consciência, conscientização
- Convivência
- Cooperação
- Contemplação

- Contribuição
- Criatividade
- Cuidado
- Cumplicidade
- Desafio
- Descanso
- Determinação
- Dignidade
- Diversidade
- Diversão
- Empatia
- Empoderamento
- Equilíbrio
- Escolha
- Escuta
- Espaço
- Esperança
- Conexão Espiritual
- Espontaneidade
- Estabilidade
- Experiência

- Expressão
- Fala
- Flexibilidade
- Gratidão
- Harmonia
- Honestidade
- Humor
- Igualdade
- Inspiração
- Integridade
- Intimidade
- Justiça
- Leveza
- Liberdade
- Luto
- Motivação
- Movimento
- Participação
- Pausa
- Paz
- Pertencimento

- Potência, poder
- Prazer
- Presença
- Protagonismo
- Proteção
- Privacidade
- Propósito
- Proteção
- Reconhecimento
- Respeito
- Responsabilidade
- Saúde
- Segurança
- Sensibilidade
- Sexualidade
- Significado
- Solitude
- Sono
- Suporte
- Sustentabilidade
- Tranquilidade

- Transformação
- Valorização

PERCEPÇÕES

O deck da PERCEPÇÕES traz palavras que podem ser confundidas com sentimentos, mas que representam julgamentos, refletindo interpretações. Diferentemente dos sentimentos, que têm como causa as necessidades, as percepções estão atreladas à interpretação que se faz do comportamento do(s) outro(s), de uma condição interna ou de uma situação externa. Ter consciência sobre percepções auxilia na identificação e no aprofundamento da compreensão de necessidades. Também pode ser uma ferramenta útil para contextualizar e compreender as estratégias e comportamentos de pessoas em conflito.

Integram o deck das percepções as seguintes cartas:

- Abandonado(a)
- Acusado(a)
- Alienado(a)
- Ameaçado(a)
- Anormal/ Normal
- Aprovado(a)/Desaprovado(a)
- Apto(a)/ Inapto(a)
- Atacado(a) / Protegido(a)
- Bom/Mau
- Bem vindo(a)/Mal vindo(a)
- Bobo(a)
- Caluniado(a)
- Capaz/Incapaz
- Cerceado(a)
- Cobrado(a)

- Comprometido(a)/Descomprometido(a)
- Controlado(a)
- Certo(a)/Errado(a)
- Criterioso(a)
- Criticado(a)/ Elogiado(a)
- Culpado(a)
- Decepcionado(a)
- Defeituoso(a)
- Desamparado(a)/Amparado(a)
- Descartado(a)
- Desconsiderado(a)/Considerado(a)
- Desejado(a)/ Indesejado(a)
- Desempoderado(a)/Empoderado(a)
- Desiludido(a)
- Desajeitado(a)
- Desaprovado(a)/Aprovado(a)
- Desdenhado(a)
- Desorganizado(a)/Organizado(a)
- Desrespeitado(a)/Respeitado(a)
- Desrespeitoso(a)/Respeitoso(a)

- Desvalorizado(a)/Valorizado(a)
- Digno(a)/Indigno(a)
- Difamado(a)
- Diferente/Igual
- Diminuído(a)
- Discriminado(a)
- Encurralado(a)
- Empoderado(a)/Desempoderado(a)
- Enganado(a)
- Envergonhado(a)
- Equivocado(a)
- Escolhido(a)/Preterido(a)
- Excluído(a)/Incluído(a)
- Explorado(a)
- Ferido(a)
- Fortalecido/Enfraquecido(a)
- Fragilizado(a)
- Honrado(a)
- Humilhado(a)
- Iludido(a)
- Ignorado(a)

- Importante/Insignificante
- Incompreendido(a)/Compreendido(a)
- Indignado(a)
- Injuriado(a)
- Injusto(a)/Justo(a)
- Insensível
- Isolado(a)
- Insuficiente/Suficiente
- Insultado(a)
- Inteligente/Ignorante
- Intimidado(a)
- Intolerante/tolerante
- Invejado(a)
- Invisibilizado(a)
- Julgado(a)
- Lesado(a)
- Limitado(a)
- Mal interpretado/ Bem interpretado
- Maltratado(a)/ Bem tratado(a)
- Manipulado(a)

- Merecedor(a)
- Negado(a)
- Obrigado(a)/Desobrigado(a)
- Prejudicado(a)
- Preso(a)
- Pressionado(a)
- Problemático(a)
- Puro/Impuro(a)
- Querido(a)
- Recompensado(a)
- Rejeitado(a)
- Responsável/Irresponsável
- Rotulado(a)
- Sensato(a)/Insensato(a)
- Silenciado(a)
- Sobrecarregado(a)
- Subestimado(a)/Sobrestimado(a)
- Sufocado(a)
- Traído(a)
- Trapaceado(a)
- Usado(a)

- Inferiorizado(a)
- Pressionado(a)
- Violentado(a)

ESTRATÉGIAS

O deck das ESTRATÉGIAS traz frases que representam ações que auxiliam, dificultam ou até mesmo, impedem a satisfação das necessidades humanas. Elas podem gerar conexão ou desconexão a nível pessoal e/ou interpessoal. As cartas das estratégias demonstram que escolhas e atitudes geram consequências e, portanto, demandam responsabilidade no processo comunicacional e relacional. Essas cartas também auxiliam a compreender a estratégia adotada como uma dentre tantas outras decisões possíveis.

Integram deck das estratégias as seguintes cartas:

Estratégias que podem gerar conexão

- Expressar um pedido de forma clara, objetiva e positiva
- Atender ao pedido
- Oferecer uma escuta atenta
- Acolher em silêncio
- Respirar e acalmar
- Fazer/Pedir uma pausa
- Expressar o "não" de forma cuidadosa
- Perguntar
- Conferir o que observou ou escutou
- Verificar como a informação foi compreendida
- Reconhecer e nomear os sentimentos e necessidades

- Praticar o autoconhecimento
- Agradecer
- Celebrar
- Elaborar o luto
- Perdoar(-se)
- Validar sentimentos
- Oferecer cuidado
- Observar por diferentes ângulos
- Oferecer/Solicitar presença
- Identificar/Cuidar das necessidades
- Acolher o desconforto
- Acolher o silêncio
- Acolher a diversidade
- Reconhecer/expressar limitações e arrependimentos
- Buscar ajuda/informações
- Acolher o "não"
- Acolher o "não saber"
- Expressar/receber apreciação
- Falar na 1ª pessoa do singular (Eu)
- Reconhecer pedidos implícitos

- Honrar limites pessoais
- Expressar afetividade

Estratégias que podem gerar desconexão

- Abandonar a conversa
- Fazer ou atender exigências
- Criticar/Elogiar
- Ceder
- Controlar
- Manipular
- Aconselhar
- Julgar
- Culpar
- Comparar
- Reclamar
- Agredir as outras pessoas ou me agredir
- Rotular
- Me colocar como vítima

- Revidar/Vingar
- Dizer sim quando gostaria de dizer não
- Punir
- Ironizar
- Ignorar
- Expressar insatisfação/discordância por meio da linguagem corporal
- Esquivar-se
- Excluir
- Justificar-se
- Não se envolver
- Fingir que está tudo bem
- Ficar na defensiva
- Recuar
- Gritar
- Calar
- Aguentar/Suportar
- Desresponsabilizar
- Generalizar
- Interromper

DESAFIOS

O deck dos DESAFIOS é composto por cartas que podem representar obstáculos ou riscos à comunicação, dependendo de como esses elementos permeiam as relações humanas. Os desafios demandam atenção e cuidado. Eles costumam influenciar a comunicação e as relações e podem influir na autopercepção e na compreensão que carregamos sobre as pessoas ao nosso redor ou sobre o viver em sociedade. Desafios estão intrinsecamente ancorados em necessidades.

Integram o deck dos desafios as seguintes cartas:

- Presente

- Passado
- Futuro
- Vergonha
- Medo
- Culpa
- Ameaça
- Competição
- Desequilíbrio
- Desresponsabilização
- Obrigação/Agrado
- Julgamento
- Comparação
- Recompensa
- Punição
- Generalizações
- Críticas
- Rótulos
- Crenças limitantes
- Traumas
- Poder autoritário
- Submissão/sujeição

- Rebelião/insubordinação
- Questões identitárias
- Expectativas
- Questões hierárquicas/Questões estruturais
- Questões históricas/Questões culturais
- Hábitos e costumes
- Experiências pessoais
- Ciclos geracionais
- Vaidade
- Ignorância
- Desconfiança
- Apego

2.1 COMO AS CARTAS PAZES PODEM SER ÚTEIS?

As Cartas Pazes são plurais e podem ser adotadas em diversos âmbitos e com finalidades múltiplas, por exemplo:

- Desenvolvimento do autoconhecimento e do autocuidado;
- Gestão e transformação de conflitos;
- Facilitação de diálogo;
- Atendimentos terapêuticos;
- Educação socioemocional;
- Mapeamento e aprofundamento de consciência em relação a narrativas e elementos de conflitos;
- Abordagem de situações e/ou temas difíceis;
- Exploração de problemas e/ou preocupações;
- Auxílio na tomada de decisões;
- Interação entre membros de equipes ou grupos;
- Resgate da natureza humana compassiva;

- Reconhecimento da sabedoria individual e/ou coletiva;
- Construção de parcerias saudáveis;
- Entretenimento didático-reflexivo.

2.2 ALGUMAS POSSIBILIDADES DE USO

As Cartas Pazes podem ser utilizadas de várias formas, sendo adaptáveis às situações e contextos específicos, logo, as possibilidades aqui apresentadas são apenas algumas propostas de aplicação. Esperamos que as demandas e a criatividade sejam catalisadoras para a construção de novas maneiras de dar sentido e funcionalidade às Cartas.

As Cartas Pazes foram pensadas para serem mais do que meras ferramentas visuais. Por isso, entendemos ser imprescindível conjugá-las às perguntas (tópico 3), enquanto convites de presença, conexão e interação. Assim, acreditamos ser possível explorar o potencial das Cartas e atingir efeitos desejáveis.

Portanto, é fundamental introduzir perguntas adequadas que despertem o interesse do(a) interlocutor(a) a refletir sobre as respostas, as quais terão, nas Cartas, um referencial.

2.2.1 Explorando sentimentos e necessidades

- Disponibilize o deck SENTIMENTOS, apresente uma imagem, foto, música, texto, vídeo ou outro recurso audiovisual sobre o tema/assunto que se pretenda abordar e pergunte quais sentimentos ela (e) provoca utilizando das Cartas para identificá-los. Alternativamente, solicite que a(s) pessoa(s) pense(m) em uma situação X e compartilhe(m) como se sente(m). Também pode ser perguntado como esses sentimentos se manifestam no próprio corpo.

- Após a dinâmica 1, é possível incluir o deck NECESSIDADES e propor que a(s) pessoa(s) selecione(m) as necessidades que possam ser a causa daqueles sentimentos por estarem sendo atendidas ou não.

- Uma forma recreativa de trabalhar os sentimentos e as necessidades em grupo é solicitar que um dos participantes sorteie uma carta do deck dos SENTIMENTOS sem identificá-la. A Carta sorteada deverá ser mostrada aos demais participantes que, um a um, devem expressar esse sentimento somente por meio de linguagem não-verbal (expressões faciais e corporais) e paraverbal (sons, bocejo, risada, grito sem palavras, assobio, choro, etc.). O desafio é o participante que sorteou a carta identificar qual o sentimento constante da carta, expressado pelos demais participantes. Novas rodadas podem ser feitas com outros participantes. A mesma dinâmica pode ser feita utilizando o deck das NECESSIDADES.

- Outra forma de utilizar as Cartas em grupos é escolher uma carta do deck das NECESSIDADES e solicitar que os participantes respondam qual a preferência pessoal com relação à referida necessidade. Em outra rodada, utilizando a mesma carta, pergunte como a referida necessidade pode ser atendida. O objetivo dessa dinâmica é diferenciar necessidades de preferências e estratégias e demonstrar que as primeiras são universais enquanto as duas últimas são pessoais e fruto da diversidade.

- Exemplo: Carta ALIMENTO. *Preferência*: comida vegetariana, comida mineira, fast-food, etc. *Estratégia*: cozinhando, comer em restaurante ou na casa dos pais, contratando os serviços de um(a) cozinheiro(a), etc.

- Uma variante da proposta anterior é pedir que os participantes associem a necessidade apontada aos sentimentos que costumam acompanhá-la em suas experiências pessoais. Convidando-os a falar sobre como têm se sentido a respeito dessa necessidade específica. Essa dinâmica pode ser aprofundada com uma nova pergunta sobre memórias que cada uma das pessoas tem sobre a satisfação dessa necessidade e como se sentiram nesse momento. Alternativamente, é possível perguntar como essas pessoas imaginam que se sentiriam se essa necessidade estivesse plenamente satisfeita hoje em suas vidas.

2.2.2 Traçando estratégias

- Escolha ou peça para a(s) pessoa(s) escolher(em) ou sortear(em) uma carta do deck dos SENTIMENTOS dentre aqueles que se referem às necessidades não atendidas e pergunte o que ela(s) faz(em) quando sente(m) o referido sentimento (disponibilize o deck das ESTRATÉGIAS DESCONEXÃO). Pergunte, ainda, como os outros reagem à referida atitude. Posteriormente, disponibilize o deck das NECESSIDADES e pergunte qual(is) delas pode(m) ser a origem daquele sentimento. Por fim, pergunte quais estratégias poderiam ser utilizadas para atender à referida necessidade (disponibilize o deck das ESTRATÉGIAS CONEXÃO).

- Em dinâmicas com apenas dois participantes (facilitador e seu interlocutor), peça que a outra pessoa identifique como se sente (disponibilize o deck dos SENTIMENTOS) diante das atitudes que você irá apresentar (utilize o deck das estratégias). A cada resposta pergunte qual necessidade está por trás do referido sentimento (disponibilize o deck das NECESSIDADES). A mesma dinâmica também pode ser realizada em grupo. Nesse caso, escolha um participante que irá identificar como se sente a partir das atitudes dos demais participantes, que terão, cada um, uma carta do deck das ESTRATÉGIAS. A referida dinâmica ajuda a compreender que, a depender das estratégias adotadas, é possível criar conexão ou desconexão consigo mesmo e/ou com os outros. Importante frisar que as estratégias não são as causas dos sentimentos, mas possíveis gatilhos que revelam quais necessidades estão (ou não) sendo atendidas.

- É possível fazer prática semelhante, utilizando as ESTRATÉGIAS DE CONEXÃO. Dessa vez, a dinâmica pode estar voltada ao aprofundamento da consciência emocional ou de relações, à ampliação do repertório de comportamentos conectivos ou mesmo para uma maior compreensão das diferentes formas de satisfazer necessidades.

- Numa perspectiva pedagógica, é possível usar o deck ESTRATÉGIAS DE CONEXÃO com exemplos para ampliar a compreensão sobre possibilidades de ação em determinadas situações. Sugere-se seguir com a atividade criando as próprias cartas, reconhecendo e nomeando outras estratégias conectivas que aquele coletivo conhece. Outra variante seria trabalhar com algumas cartas do deck, pedindo exemplos concretos, naquele grupo, de práticas em que seus integrantes observaram que aquela estratégia aconteceu e construir um espaço para diálogo sobre seus efeitos e desdobramentos.

2.2.3 Desvendando percepções

- Disponha aleatoriamente algumas (ou todas) as Cartas do deck PERCEPÇÕES, com as palavras viradas para baixo, e peça que a(s) pessoa(s) escolha(m) uma, mostre(m)-na e responda(m) como aquela percepção se manifesta no próprio corpo. Posteriormente, quais sentimentos estão disfarçados naquela percepção (disponibilize o deck dos SENTIMENTOS). Pergunte, ainda, o que levou a interpretar aquela percepção (poder ser um comportamento do(s) outro(s), ou uma condição pessoal, ou uma situação externa).
    - ☐ Exemplo: Carta DESRESPEITADO(A).

Manifestações corporais: coração acelerado, respiração ofegante, corpo enrijecido, olhos estalados, etc. *Sentimentos disfarçados:* com raiva, desconfortável, ressentido(a), etc. *Interpretação:* a pessoa X gritou comigo (comportamento do outro); tenho trauma com relações hierarquizadas (condição pessoal); não tive oportunidade de falar (situação externa: encerramento antecipado do evento em virtude de um imprevisto).

- Misture algumas (ou todas) as cartas dos decks PERCEPÇÕES e

SENTIMENTOS. Apresente uma imagem, foto, vídeo ou outro recurso audiovisual que contenha indivíduos, possivelmente, expressando seus sentimentos. Disponibilize as cartas misturadas e solicite que a(s) pessoa(s) ofereça(m) palpites empáticos sobre os sentimentos que possam estar sendo expressados. Verifique se a(s) pessoa(s) identificou(aram) somente sentimentos. Se não, separe e foque nas cartas escolhidas como palpites empáticos que se referem a percepções e pergunte o que levou a(s) pessoa(s) a supor(em) aqueles palpites empáticos? Questione se os referidos palpites empáticos são causados pelo comportamento do(s) outro(s)? Quais seriam as possíveis necessidades envolvidas?

(disponibilize o deck das NECESSIDADES). Quando essas necessidades são atendidas (ou não, a depender da situação apresentada na imagem, foto, vídeo, etc) quais sentimentos podem emergir? (disponibilize o deck dos SENTIMENTOS) e certifique se a(s) pessoa(s) entenderam que as percepções podem ser confundidas com sentimentos, mas, na verdade, representam julgamentos sobre o comportamento do(s) outro(s), ou sobre uma condição pessoal, ou sobre uma situação externa.

- Espalhe, numa superfície plana, as cartas do deck PERCEPÇÕES com as palavras viradas para cima. Peça para que a(s) pessoa(s) escolha(m) as pecepções que melhor refletem suas impressões naquele momento.

Em seguida, peça que ela(s) procure(m) nomear como gostariam de estar naquele momento. Peça para que, sempre que possível, escolha(m) palavras que dialoguem diretamente com as das cartas escolhidas. Diante disso, peça que a(s) pessoa(s) descreva(m) como seria caso aquela nova percepção fosse real. Pergunte diretamente o que mudaria nela(s). Ao final, mostre as palavras do deck SENTIMENTOS e peça para que a(s) pessoa(s) identifiquem quais daquelas palavras melhor se identificam com a maneira como se sentiriam diante da situação imaginada.

- Espalhe, numa superfície plana, as cartas do deck NECESSIDADES com as palavras viradas para cima. Peça para que a(s) pessoa(s) escolha(m) a(s) carta(s) que melhor defina(m) aquilo que precisa(m) naquele momento. Em seguida, pergunte o que acredita(m) que está afetando aquela(s) necessidade(s) agora. Considerando o que foi dito, coloque as cartas dos decks PERCEPÇÕES e SENTIMENTOS sobre a mesa, deixando as palavras viradas para cima. Peça que escolha(m) as cartas que melhor dialogam com aquilo que foi expresso. Em seguida, peça para que vire(m) as cartas. Caso tenha(m) cartas de percepções nas mãos, peça que a(s) pessoa(s) siga(m) tentando identificar cartas com palavras que expressem aquela mesma ideia da carta de percepções. Siga assim até que todas as percepções tenham encontrado sentimentos correspondentes.

2.2.4 Superando desafios

- Apresente um caso hipotético ou real público cujo tema se queira abordar ou peça que a(s) pessoa(s) compartilhe(m) uma história que faça(m) parte em que o diálogo foi ou está sendo difícil. Quais sentimentos estão (estavam) envolvidos? (disponibilize o deck dos SENTIMENTOS). Quais necessidades estão (estavam) ou não sendo atendidas? (disponibilize o deck das NECESSIDADES). Quais desafios permeavam ou ainda permeiam esse diálogo? (disponibilize o deck dos desafios). Como você(s) lida(m) com esse desafio no dia-a-dia? Quais os impactos desse desafio em suas relações? O que pode colaborar para que esse desafio venha a ser superado? (disponibilize o deck dos ESTRATÉGIAS CONEXÃO).

- Peça que a(s) pessoa(s) compartilhe(m) uma história desafiadora, um problema, uma situação difícil ou um conflito que esteja(m) vivenciando. Coloque as cartas PRESENTE, PASSADO e FUTURO do deck DESAFIOS uma ao lado da outra com uma distância de aproximadamente 10 centímetros entre elas. Pergunte como essa(s) pessoa(s) se sentiu(ram) quando o fato narrado aconteceu, posteriormente, como se sente(m) hoje e, por fim, como gostaria(m) de se sentir futuramente, utilizando-se das Cartas do deck SENTIMENTOS. Após identificação de cada sentimento, as cartas devem ser colocadas abaixo do respectivo tempo. Em um segundo momento, disponibilize o deck das NECESSIDADES e pergunte quais delas deram causa àqueles sentimentos, cujas Cartas também devem ser colocadas abaixo do respectivo tempo. Em seguida, pergunte o que gostaria(m) que tivesse sido feito para que a(s) referida(s) necessidade(s) fosse(m) atendida(s) no passado e o que pode ser feito hoje ou em um futuro próximo.

- Apresente o deck dos DESAFIOS e solicite que a(s) pessoa(s) identifique(m) um desafio que lhe tem sido difícil de lidar. Possíveis perguntas interessantes são: desde quando esse desafio é difícil de lidar? Quais sentimentos se manifestam quando esse desafio surge? (disponibilize o deck dos SENTIMENTOS). Como reage a ele? (disponibilize o deck das ESTRATÉGIAS DESCONEXÃO). Quais estratégias poderiam ser úteis para lidar com esse desafio? (disponibilize o deck das ESTRATÉGIAS CONEXÃO).

- Disponibilize o deck DESAFIOS e peça que que a(s) pessoa(s) identifique(m) uma ou algumas cartas que representem seus maiores obstáculos numa dada situação nesse momento. Em seguida, disponibilize o deck NECESSIDADES e peça para que a(s) pessoa(s) tente(m) identificar quais necessidades estão alinhadas àquele desafio nesse momento. As cartas "presente", "passado" e "futuro" podem ser utilizadas como aprofundamento da prática. Ao final, peça que foque(m) nas palavras referentes às necessidades, e não mais aos desafios, e pergunte o que, nesse momento, seria possível fazer para contribuir concretamente para essas necessidades.

2.2.5 Trabalhando com conflitos

As cartas Pazes podem ser utilizadas para trabalhar conflitos pessoais, interpessoais e coletivos. A partir da imagem abaixo, é possível localizar um conflito no centro, de modo que os elementos associados a esse conflito serão construídos com base na atuação dos facilitadores, principalmente por meio da formulação de perguntas.

Por exemplo, ao trabalhar uma situação de conflito, pergunte aos envolvidos:

- Quais são os sentimentos que expressam como vocês se sentiram/se sentem?
- A quais necessidades esses sentimentos estão conectados?
- Quais são as estratégias que vocês utilizaram ou estão utilizando para lidar com esse conflito?
- Quais são as percepções que vocês trazem sobre o conflito vivenciado?
- Quais são os principais desafios que estão impactando a solução desse conflito?

Ao final de uma rodada de perguntas, os facilitadores podem trabalhar com as informações que estão sobre a mesa, instigando os envolvidos a pensarem sobre os elementos do conflito, da relação e da comunicação que estão ali presentes. Novas perguntas podem ser formuladas para uma melhor compreensão do conflito e de suas possíveis estratégias de solução.

2.2.5.1 Criando pontes para o futuro

A imagem abaixo possibilita aos facilitadores estabelecerem uma relação entre o passado e o futuro de uma relação conflitiva. Na parte esquerda, os facilitadores podem colocar as cartas que melhor expressam os sentimentos, as necessidades, as percepções, as estratégias e os desafios que estão relacionados à experiência pessoal em relação ao conflito no passado, de acordo com a forma como as pessoas envolvidas no conflito o percebem. À direita, é possível alocar as cartas com as palavras e frases que melhor expressam o que os envolvidos acreditam que poderiam amenizar, solucionar ou transformar o conflito que está sendo abordado. A ideia é que ao final os facilitadores possam trabalhar com os interlocutores possibilidades de se transitar de uma situação não desejada para uma situação desejada, mais harmônica e coesa, transformando a situação conflitiva.

Olhando para o passado   Olhando para o futuro

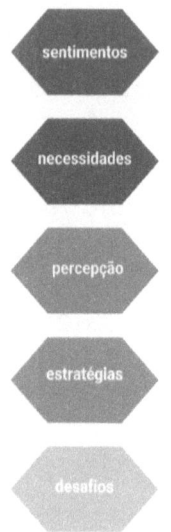

- sentimentos
- necessidades
- percepção
- estratégias
- desafios

Essa mesma imagem também pode auxiliar na elaboração de acordos.

De certo, para estabelecer uma ponte entre o passado e o futuro é preciso ação, comunicação, comportamento, compromisso, cooperação, intencionalidade, consensualidade e voluntariedade. Os facilitadores podem elaborar perguntas que ajudem os envolvidos a realizarem seus pedidos uns aos outros e suas ofertas para contribuir com a solução da situação apresentada.

Algumas perguntas norteadoras:

Como você acredita que pode contribuir para que os impactos emocionais desse conflito sejam amenizados?

O que você se compromete a realizar daqui para frente para cuidar das suas necessidades e das necessidades das pessoas envolvidas nessa situação?

Quais mudanças você acredita que são importantes realizar para promover uma mudança de percepção acerca desse conflito? Como você se compromete a colocar essas mudanças em prática?

Quais estratégias você se compromete a implementar daqui para frente para contribuir com a solução desse conflito de forma justa e responsável?

O que você propõe para tentar superar ou transformar esses desafios de forma a construir uma relação mais saudável daqui para frente?

2.2.5.2 Sequência aleatória

A imagem abaixo apresenta uma sequência aleatória para que os facilitadores possam trabalhar um conflito de acordo com a narrativa trazida pelos envolvidos. A partir da sequência narrativa, é possível compreender os elementos de maior importância ou impacto na relação conflitiva de acordo com suas percepções e pode-se propor reflexões para que possam perceber de forma mais abrangente e ampliada o conflito e suas dimensões internas e externas.

Caso o elemento citado primeiro ou considerado de maior relevância seja o sentimento, por exemplo, pode-se colocar a carta desse sentimento abaixo da representação da primeira carta. E a partir dos sentimentos entender quais são as necessidades ligadas a eles, quais estratégias o narrador realizou para lidar com esse sentimento, quais os principais desafios observados na relação e que retroalimentam esse sentimento não desejado e quais as percepções do narrador mais impactam o aumento desse sentimento.

Narrativa pessoa 1:

Narrativa pessoa 2

3. PERGUNTAS NORTEADORAS

3.1 Sentimentos

- Como você está se sentindo neste momento?
- Se pudesse nomear um sentimento relacionado à história que acaba de contar, qual seria?
- No momento em que esse evento aconteceu, como você se sentiu?
- Decorrido x tempo do evento, como você se sente agora?
- Qual sentimento mais influenciou sua ação/decisão?
- Qual é o sentimento que você tem em relação a pessoa X?
- De 0 a 10, como você avalia a intensidade desse sentimento agora

(sendo 0 baixa intensidade e 10 alta intensidade)?
- Como você acredita que a outra pessoa se sentiu em relação ao dano sofrido?
- Qual sentimento você gostaria de cultivar em você daqui para frente?
- O que você acredita que lhe ajudaria a se sentir melhor a partir de agora?
- Como você se sentia em relação a essa pessoa antes e como você se sente agora?
- Quais são as sensações físicas que esse sentimento gera em você?
- Como tem sido conviver com esse sentimento dentro de você?

3.2 Necessidades

- Se pudesse citar três necessidades que são importantes para você em relação ao que aconteceu, quais seriam?
- Quais necessidades suas foram afetadas nesse caso?
- Diante do que aconteceu, quais necessidades passaram a ser urgentes na sua vida?
- Quais as necessidades da outra pessoa você acredita que foram afetadas?
- Quais necessidades você avalia que são comuns entre vocês?
- Como suas decisões interferem nas necessidades de outras pessoas?
- O que você acredita que poderia contribuir para as necessidades de todos os envolvidos nessa situação?

- Como você tem cuidado das suas necessidades?
- Quais necessidades mais influenciaram a sua escolha/ sua decisão?
- As estratégias que você tem realizado são motivadas por quais necessidades?
- O que você acredita que seria importante para cuidar dessa necessidade daqui para frente?
- Como você acredita que poderíamos ter cuidado dessa necessidade agindo de outra forma?
- Quais as perguntas/reflexões que você acredita que não estão sendo feitas nesse momento e que seriam fundamentais para cuidar dessas necessidades nesse contexto?

3.3 Percepções

- Qual(is) dessas palavras melhor qualifica(m) a percepção que influenciou você a agir assim?
- Qual(s) palavra(s) melhor representa(m) sua percepção sobre as pessoas envolvidas no conflito?
- Qual(is) percepção(ões) você acredita que a outra pessoa tem/teve sobre você?
- Qual(is) percepção(ões) você acredita que influenciou(aram) a decisão da outra pessoa?
- Qual(is) dessas palavras contém(êm) uma percepção que possa ter lhe causado esse sentimento?
- Como você se percebeu diante dessa situação?

- O que levou você a ter essa percepção?
- O que o(s) outro(s) fez(fizeram) que levou você a ter essa percepção?
- Como essa(s) percepção(ões) se manifesta(m) em seu corpo? Descreva as sensações físicas que lhe causa(m).
- Em quais outras situações você tem essa(s) mesma(s) percepção(ões)?
- O que essa(s) percepção(ões) representa(m) para você?
- Escolha algum(ns) sentimento(s) que possa(m) expressar essa(s) percepção(ões)
- Como você passou a perceber esse grupo/comunidade diante do que aconteceu e como isso afetou a maneira como você se relaciona nesse espaço?

3.4 Estratégias

- Qual(is) estratégia(s) você reconhece ter realizado para lidar com o conflito em questão?
- Qual(is) estratégia(s) você acredita que a outra pessoa tem realizado para lidar com o conflito em questão?
- Qual(is) estratégia(s) você acredita que poderia melhorar a relação entre vocês?
- Qual(is) estratégia(s) você acredita que tem agravado o conflito entre vocês?
- Qual(is) estratégia(s) você tem realizado com você mesmo(a) para cuidar das suas necessidades?

- Para mudar essa situação, qual(is) outra(s) estratégia(s) você acredita que poderia realizar daqui para frente?
- Qual(is) estratégia(s) você gostaria que a outra pessoa realizasse para melhorar a relação entre vocês?
- Qual(is) estratégia(s) utilizada pelo(s) outro(s)que você tem mais dificuldade de lidar?
- Qual(is) estratégia(s) você tem realizado que lhe desconecta de si mesmo(a) ou do(s) outro(s)?
- Qual(is) estratégia(s) você gostaria de trabalhar para incorporar em sua vida e em suas relações?
- Qual(is) estratégia(s) você utiliza, mas que gostaria de deixar de utilizar?
- Quais as estratégias que você tem adotado quando algo desafiador

acontece para se manter com integridade?
- Se pudesse voltar no tempo, mudaria alguma das estratégias que utilizou nessa situação? Por quê? Como você agiria?

3.5 Desafios

- Quais são os principais desafios que estão dificultando a relação entre vocês?
- Quais desafios você acredita que vocês já superaram?
- Quais desafios você acredita que ainda precisam superar para melhorar a relação?
- Qual é seu maior desafio para estabelecer uma relação mais harmoniosa com a outra pessoa?

- Qual desafio você acredita que a outra pessoa ainda tem a ponto de não estar disponível para tentar encontrar uma solução para esse conflito?
- Qual desafio você acredita que tem em comum com a outra pessoa?
- Como você lida com esse desafio no dia-a-dia?
- Quais os impactos desse(s) desafio(s) em suas relações?
- O que pode colaborar para que esse(s) desafio(s) venha(m) a ser superado(s)?
- Como você tem lidado com esse(s) desafio(s)?
- Desde quando esse(s) desafio é(são) desafiador(es) para você? Procure resgatar a primeira lembrança em que você teve que lidar com esse(s) desafio(s).

- A quê ou a quem você associa esse(s) desafio(s)?
- Quando outros desafios aconteceram na sua vida, quais foram as suas principais estratégias para lidar com eles?

REFERÊNCIAS

ALVES, Rubem. **O amor que acende a lua**. 15ª edição. Campinas, SP: Papirus Editora, 2011.

ARENDT, Hannah. **Eichmann in Jerusalem:** a report on the banality of evil. New York: Penguin Books, 2006.

_____. **Sobre a violência**. Tradução de André Duarte. 14ª ed. Rio de Janeiro: Civilização Brasileira.

BOHM, David. **Diálogo**: Comunicação e redes de convivência. Tradução de

Humberto Mariotti.São Paulo: Palas Athena, 2005.

BRAITHWAITE, John. Doing Justice Intelligently in Civil Society, **Journal of Social Issues,** vol. 62, n. 2, 2006, p. 393- 409.

DAMÁSIO. António R. **O Erro de Descartes**: Emoção, Razão e o Cérebro Humano. Tradução de Dora Vicente e Georgina Segurado. 3ª ed. São Paulo: Companhia das Letras, 2012.

FREIRE, Paulo. **Por uma pedagogia da pergunta.** 11ª ed. Rio de Janeiro: Paz e Terra, 2021.

GALTUNG, Johan. Violence, Peace, and Peace Research. **Journal of Peace Research**, vol. 6, n. 3 (1969), p. 167-191.

KOLK, Bessel van der. **The Body Keeps the Score:** Brain, Mind, and Body in the Healing of Trauma. New York: Penguin Publishing Group, 2015.

KUMAR, Satish. **Soil Soul Society:** A New Trinity For Our Time. Brighton: Ivy Press, 2013.

KUMAR, Satish. **You are Therefore I am:** A Declaration of Dependence. Dagenham: Green Books, 2002.

LEDERACH, John Paul. **Little Book of Conflict Transformation:** Clear Articulation Of The Guiding Principles By A Pioneer In The Field (Justice and Peacebuilding). Harrisonburg: Good Books, 2003.

LEDERACH, John Paul. **Transformação de conflitos.** Tradução de Tônia Van Acker. 2ª ed. São Paulo: Palas Athena, 2018.

LEDOUX, Joseph. Unconscious and conscious contributions to the emotions and cognitive aspects of emotions: a comment on Scherer's view of what an emotion is. **Social Science Information**

Sur Les Sciences Sociales. v. 46, p. 395-405, 2007.

LEVINE, Peter; FREDERICK, Ann. **Waking the tiger:** healing trauma. Berkeley: North Atlantic Books, 1997.

MATÉ, Gabor. **When the Body Says No:** understanding stress-disease connection. Nova York: Wiley, 2008.

PRANIS, Kay. **Processos Circulares de construção de paz**. Tradução de Tônia Van Acker. São Paulo: Palas Athena, 2010.

REISEL, Daniel. Towards a Neuroscience of Morality. In.: GAVRIELIDES, Theo. (Ed.).

The Psychology of Restorative Justice. New York: Routledge, 2015, p. 71-86.

ROSENBERG, Marshall. **Living Nonviolent Communication:** Practical Tools to Connect and Communicate Skillfully in Every Situation. Boulder: Sounds True, 2012.

SAINT-EXUPÉRY, Antoine de. **O pequeno príncipe**. Tradução de Dom Marcos Barbosa. 48ª ed. Rio de Janeiro: Agir, 2009.

SIQUEIRA, Mayara de Carvalho. Justiça Restaurativa e violência estrutural de gênero: práticas, cuidados e conceitos. In.: HAGE, Camila; IBRAHIM, Francini.

(Orgs.). **Crimes contra as mulheres**. Leme: Mizuno, 2024. p. 169-191.

SILVA, Elaine Cristina. **Justiça Relacional**: A Abordagem de Interação Empática como via de acesso à justiça. São Paulo: Dialética, 2024.

SILVA, Lucas Jeronimo Ribeiro da. ACESSO À JUSTIÇA INTEGRAL: uma teoria do acesso à justiça de crianças e adolescentes pela perspectiva da construção multidimensional da responsabilidade. São Paulo: Dialética, 2024.

WINTER, Deborah DuNann. LEIGHTON, Dana. Structural violence. In.: CHRISTIE, D. J..; WAGNER, R. V.; WINTER, D. D.

(Edt.). **Peace, conflict, and violence:** Peace psychology in the 21st century. New York: Prentice-Hall, 2001.

WHO Global Consultation on Violence and Health. **Violence**: a public health priority. Geneva, World Health Organization, 1996.

YAMIN, Alicia Ely. **Power, suffering, and the struggle for dignity:** human rights frameworks on health and why they matter. Philadelphia: University of Pennsylvania Press, 2016.

YODER, Carolyn. **The Little Book of Trauma Healing:** Revised & Updated: When Violence Strikes and Community Security Is Threatened. Harrisonburg: Good Books, 2020.

SOBRE OS AUTORES

Elaine Cristina da Silva

Doutora em Direito pela Universidade Federal de Minas Gerais (UFMG). Mestra em Direito pela UFMG. Pós-graduada em Direito Público pela Pontifícia Universidade Católica de Minas Gerais (PUCMG). Pós-graduada em Docência no Ensino Superior pela PUCMG. Graduada em Direito pela PUCMG.
Possui formação em Mediação; Conferências Restaurativas; Reuniões Vítima-Ofensor, Processos Circulares e Comunicação Não-Violenta com Treinamento Intensivo Internacional pelo Center for Nonviolent Communication (CNVC), Depoimento Especial e Escuta Especializada com certificação para

Capacitação em Escuta Especializada pela Childhood Brasil.

É advogada, mediadora cadastrada junto ao Conselho Nacional de Justiça e ao Tribunal de Justiça de Minas Gerais, instrutora e facilitadora de práticas restaurativas e Comunicação Não-Violenta. Também é professora universitária, pesquisadora e co-fundadora do Instituto Pazes.

E-mail: elacris.adv@gmail.com
Instagram: @ec_elainecristina

Lucas Jeronimo Ribeiro da Silva

Doutor em Direito (UFMG). Mestre em Direito com especialidade em Justiça Juvenil Restaurativa e Mapeamento de Conflitos (UFMG/ Universidad de Buenos Aires). Graduado em Direito com Formação Complementar em Psicologia. Professor e Facilitador de Justiça e Práticas Restaurativas e Comunicação Não-Violenta, desde 2014.

É terapeuta e especialista em Psicologia Transpessoal pela Universidade Internacional da Paz de São Paulo, onde atua como focalizador e facilitador na Pós-Graduação. É Master em Programação Neurolinguística e facilitador de Constelação Sistêmica. Realiza atendimentos individuais (presenciais e on-line) e atendimentos de grupos.

Foi Pesquisador colaborador da Fundación por la Reparación - FUNREPAR, de Justiça Juvenil Restaurativa/Buenos Aires. É membro associado da Rede Internacional Iberoamericana de Jovens Líderes - RIJL.

E-mail: lucasjeronimor@gmail.com

Instagram: @soulucasjeronimo

Mayara de Carvalho Siqueira

Pós-Doutora pela UERJ. Doutora em Direito pela UFMG, com pesquisa em Justiça Restaurativa Comunitária. Mestra em Ciências Jurídicas pela UFPB e graduada em Direito pela UFRN. Professora do Mestrado e Doutorado em Direito da UNESA. É professora, pesquisadora e facilitadora de processos e práticas restaurativas e de Comunicação Não-Violenta.

Avaliadora de diversos periódicos jurídicos e de ciências humanas (Qualis A1 e B1). É tutora do Programa NÓS de Justiça Restaurativa nas Escolas, oferecendo curso de capacitação e supervisionando a atuação dos Núcleos de Orientação e Solução de Conflitos Escolares. Tem formação em Design de Processos para tratamento de conflitos; Organização Comunitária para Transformação Social; Conferências Vítima-Ofensor (VOC); e Estratégias para Conscientização de Trauma e Construção de Resiliência (STAR 1 e 2) pelo Center for Justice and Peacebuilding (CJP-EMU/EUA). Foi professora conteudista do Programa NÓS, tendo auxiliado na concepção e implementação do programa nas escolas estaduais e municipais localizadas em Belo Horizonte.

Foi Acompanhante Ecumênica na Palestina e em Israel (EAPPI/WCC), ocasião na qual monitorou violações de direitos humanos, ofereceu presença protetiva a grupos vulneráveis e prestou ajuda humanitária. Compõe a Comissão de Justiça Restaurativa do Fórum Socioeducativo de Belo Horizonte.

E-mail: mdecarvalho@live.com

Instagram: @maylizarb

Informações para contato

www.pazes.com.br

E-mail: institutopazes@gmail.com

Instagram: @institutopazes

www.ingramcontent.com/pod-product-compliance
Lightning Source LLC
Chambersburg PA
CBHW031420210526
45464CB00005B/1977